Nadja Küchenmeister

Im Glasberg

Gedichte

Schöffling & Co.

Erste Auflage 2020

Satz: Fotosatz Amann, Memmingen
Druck & Bindung: Pustet, Regensburg
ISBN 978-3-89561-227-5

www.schoeffling.de

I put a single normal ice cube / In my drink.
It weighs one hundred million tons.
It is a sample from the densest star.

Frederick Seidel

Die Wirklichkeit macht immer mit

Jürgen Becker

Wenn du das Beinchen nicht hast,
kannst du den Glasberg nicht aufschließen

Gebrüder Grimm

im glasberg

die sonne ist der mond
mein auge ein stern unter sternen
mein koffer ein stühlchen
mein herzstück ein ring
ich bin ohne furcht

sieben tage brüder
wind von osten her
der vogel sitzt im glasberg
kennt sein lied nicht mehr
mond und sonnenlicht

ich erinnere mich
pilze heben die köpfe
motten sterben sich ein
schiebt sich der mond vor die sonne
werde ich wachsam sein

kein schatten mehr im schatten
die sonne nimmt mich weg
der mond nimmt witterung auf
das ist der schlüssel der sterne
eile zum glasberg hinauf

ich bin mitten im kreis
teller voll brot becher voll wein
mein ring mein herzstück
der mond ist die sonne
schwarzer vogel steh mir bei

helle mitte

»I'm swimming across the county,« Ned said.
»Why, I didn't know one could,« exclaimed Mrs. Halloran.

John Cheever

I

ich rauke durch die stadt, entlang des strangs, die bahn
bleibt in der bahn, ich rauke mich heran ans wuhletal
zwanzig winter weit verdammt, und ich bin wieder da

angle nach einem ast unter ästen, atmen, last, eine nacht
ohne gäste ist eine nacht mit glas in der hand, so ist das
ich rauke stundenlang, lande, wo ich herrauke, an

noch mal raupe, zwanzig winterlang derselbe anblick
schon aus der bahn sieht man das schlafzimmer
der eltern, das elternschlafzimmer, in dem man lag

als eltern erinnerungen an eltern waren, ich reche
zusammen: mutter, vater, bruder sonne, schwester
mond, das ist unser raukenstrang, fangen wir an

II

steht man am morgen vor dem fenster im schlafzimmer
der eltern, sieht man: s-bahn, u-bahn, gleise, wurzeln
im geflecht, das maisfeld, den baumbewachsenen hügel

hell im licht, im sommer rollt die sonne, eine goldene
münze, in die wuhle, im winter werfen schlitten kinder
aus der bahn, und wo herr schatta schlafen wird

in ein paar jahren, für alle jahre, duckt er sich weg, der weg
der durch die halme schneidet, ihr name war hanna
das grau der boizenburger straße gießt sich in den nebel

frühen vormittag, schatten, der vom schatten nicht
loskommt, die mutter, koffer in der hand, trägt
die hosen ihrer tochter, weiße bluse, offenes haar

III

der vater sitzt am tisch, mischt die karten und teilt aus
wie schnell der stapel anwächst, bis einer klopft
und dann wird abgerechnet, sechshundert jahre

zuvor: kein tisch, kein kartenspiel, die dunkle mitte
einer schlingernden welt, im landbuch kaiser karls
des vierten von dreizehnhundertfünfundsiebzig

helwichstorpp, erste erwähnung, was wissen wir denn
schon davon … überbackene nudeln und ein glas saft
der fernseher läuft seit einer stunde ohne ton

wir wissen nichts, wir wissen: draußen liegt der bahnhof
wuhletal, da geht die mutter in den hosen ihrer tochter
ohne hand in der hand, der vater sitzt am tisch

IV

am abend vor dem spiegel, im zwiegespräch mit zahnbürste
und kamm, sickern unbekannte laute unter der badezimmertür
hindurch, fließen über kalkgefleckte badezimmerfliesen

legen am kai meiner hausschuhe an, und plötzlich muss man
jeden atemzug erinnern, andernfalls wäre ein ankommen
nicht möglich in den zweigen meiner lunge, bruder sonne

spiel noch ein paar takte länger, es ist so warm in seinem zimmer
als hinge da kein feierabend über der gülzower straße eins
als hielten die gardinen nur einen sommernachmittag in schach

matt sind wir, reden über ein paar dinge, die sich pelzig
anfühlen auf der zunge, er lässt mich tasten drücken
drückt mich dann in seinen flauschigen pullover, gute nacht

V

schwester mond macht raukengänge, fährt mit den fingern
entlang der raufasertapete, zieht an der toilettenspülung
schiebt die küchentür vor und zurück, dieses gleiten

in der schiene: die hand weiß um die mechanik der sinne
die sinne wissen um die mechanik der hand, das kühle
porzellan der sammeltasse, trink die milch gleich aus

der tüte, zieh den gestreiften schlafanzug an, leg dich
in den kleiderschrank zu den serviettenringen, ich rauke mich
heran an töpferware, kratzbaum, handtuchhalter, an das hart

gewordene eigelb auf der messerklinge, an tischtuch, tischbein
tischgespräche, ich reche zusammen: mutter, vater, bruder
sonne, schwester mond, das ist unser raukenstrang, lebenslang.

wurzeln

am grund

niemand wusste so genau, wie spät es war
als es zu spät war: ich kam zurück
ein luftzug nahm mich bei der hand, der hof

erkannte mich, wie immer, ohne zu erwachen
klaubte ich vom klingelschild die alten namen
bein, puhahn, henke, brumm, ich ließ sie trocknen

auf der wäscheleine keine wäscheklammern
wo eine pfütze war, war keine pfütze mehr
wo keine bäume standen, standen bäume

die hecke sprach mit mir, sehr leise, ein schatten
unter der tischtennisplatte, länger als ein nachmittag
schien nur die lebensdauer der laternen: herr schatta

schläft seit fünfundzwanzig jahren auf dem friedhof
ich schlafe ihm seit fünfundzwanzig jahren hinterher
niemand weiß genau, wie spät es ist, wenn es zu spät ist

bänke ohne rückenlehne, wie immer käsethekenlicht
der kleine fetzen meiner lippe, jenes schüppchen haut
das ich am zungengrund verschiebe, das bin ich.

keine luft für den igel

die kellertür öffnen, ohne erwartung, noch
immer klemmt die schublade der kommode
keine luft für den igel, man schaut nicht nach

weiß, er ist entkommen, weiß nicht, wie
besser, er wäre noch da … das fahrrad
das man nicht verleihen durfte und verlieh

das fahrrad, vom taschengeld bezahlt
hat anderswo zu tun, kaum zu ertragen
der gedanke, fremde hände am lenker

halten das fahrrad in der spur, fremde
schuhe auf den pedalen, fremde
körperwärme, man kommt im schein

der taschenlampe nicht zur ruhe, kalk
weiße wände, die kommode, das fahrrad
keine luft für den igel, wäre er da.

schmelzpunkt

immer holst du etwas oder bringst es weg
eine papierserviette, senf, das kleine messer
manchmal ein zäpfchen, eine tablette

das fieberthermometer, du holst das fahrrad
aus dem keller, die luftpumpe, flickzeug
handtellergroße spinnen, wohin von dir

verbracht, die bratkartoffeln vom imbiss
wagen, dann wieder balancierst du
eine kaffeetasse auf dem tablett, irgendwo

hinter berlin, du hast dich nicht rasiert
trittst mir wie ein fremder entgegen
in diesem licht, das keine schatten macht

du holst die kinokarten, bringst die flaschen
zum container, den hund nicht zum arzt
du fährst das auto in die werkstatt

kommst zurück, im einkaufsnetz
die blockschokolade, so hart, du sagst
lass sie langsam schmelzen auf der zunge.

nach den gesprächen

es ist, als hätten deine möbel selbst
entschieden, wo sie stehen möchten
ein verlegenes schweigen aus holz

das bett in seiner ecke im flur
die bücherregale, ihre last
krimis, politische literatur

es gibt eine sehnsucht nach plastik
tüten an der garderobe fange ich
einen geruch, herb in seiner süße

von den wänden blättert hier und da
tapete, woher die bräunliche verfärbung
an der zimmerdecke rührt, auf der kommode

ein gerahmtes foto, das meine freunde zeigt
aus jugendtagen, sie sehen dich immerzu an
schweigen und stauben ein: so wird man alt.

letzte signale

der flur ist dunkel und lang, man glaubt
ihm sein flursein nicht ganz, lässt sich
von halbschuhen beruhigen, höflich

in reihe, abgetragen, die garderobe greift
nach dem hals, eine hand, die unter der last
von mänteln und schals, plastiktüten, rewe

real droht zu versagen, jahr für jahr, wann
knickt sie ein? die küchentür ist angelehnt
den kühlschrank könnte man auch mal abtauen

das radio auf der fensterbank, es regnet
so klein fängst du dein leben an, die abgebrochene
antenne sucht noch immer nach signalen

an die sich niemand mehr erinnern kann
hinter der tür ist vor den regalen, man geht
den flur entlang, und was kommt dann?

leibchen

im oberen fach des kleiderschranks
ein krankenhausleibchen, ordentlich
zusammengelegt in guter gesellschaft

deiner hemden, socken, unterhosen
ob du es je getragen hast
einmal zu hause, ich sehe dich

vor dem fernseher sitzen, im kühlen
luftzug, der das leibchen bauscht
das dir nicht mehr vom körper geht

längst du geworden, doch du schläfst
derweil die fernsehstimmen
sich nicht länger um dich kümmern

ein häufchen asche auf der brust
fährt luft hinein wie in dein haar
das buch noch in der hand, etwas

über sterbende sonnen, du wirst
die seite noch mal lesen, bevor du
sie am nächsten tag vergessen hast.

wurzeln

der wäscheständer vor dem fenster, aufgestellt
gegen den ansturm der tauben, auf dem dach
des kühlschranks haben sie mit dem nestbau

begonnen: vogelfedern, zarte zweige
der tagesspiegel von letzter woche und deine
zähne auf dem unterteller, neben den kartoffeln

altern die gewürze … die schublade ist rausgezogen
wonach hast du gesucht, schere oder kapselschneider
eduschokaffee, noch nicht angebrochen, was zeigt

ein foto, wenn es niemand betrachtet? an der garderobe
hängt dein schwacher abdruck, mantel, ärmel
ohne muskeln, ohne geschichte kann ich nicht

nach hause gehen: ich zähle deine hemden, socken
unterhosen, entwirre die kabel unter dem tisch, schwarze
wurzeln, die keinen anfang und kein ende haben.

skorpion oder spinne

du sagst etwas über materie und dunklen raum
und deine arme fahren auseinander, als wolltest
du ein luftschiff wiegen, sterne, elektroden

stimmen kommen, entfernen sich wieder, monitore
etwas zischt, deine lunge, und diese weißen
geräte, verführerisch kalt, wissen nahezu alles

von dir, kabel, schläuche, leicht hängt die tür
in ihrem scharnier an einem glühend heißen sonntag
nachmittag liegen flusen auf der luft wie vogel

federn auf dem wasser … wir folgen ihnen
während sie sinken, sinken schuppen von haut
man hört nicht die schritte auf dem flur

bis man die schuhe sieht, ein tier in meinem rücken
skorpion oder spinne, markiert den bruch: ich konnte
für die zähne keine dose finden, pardon, nicht

für die zahnbürste, den kamm, da sind noch taschen
tücher in der tüte, das telefon und deine lesebrille
zwei hemden, socken, ein paar unterhosen.

wohin

wieder kaum geschlafen letzte nacht, schläfst du
über tag, um das leben langsamer zu machen
vielleicht das taschentuch unter der kaffeetasse

ein tropfen nach jedem schluck, nicht auszuhalten
wie du die tasse führst zum mund, als wäre es mein
taschentuch, das daran haften bleibt, was man eben

so vererbt, lesen geht noch immer nicht, nachrichten
machen dich nervös, niemand, der dich sitzen sieht
im fernsehraum, ratlos, wohin soll man schalten?

der ordensmann

ein neuer tag bricht an, das fenster steht offen
die tauben kommen, der kaffee läuft durch
alles wie gehabt … wer pfeift den flur entlang?
es ist der ordensmann, der sich an den orden hält
regeln aufstellt, ein orden, der aus ihm besteht
worüber er allenfalls lachen kann, nicht gut darin
sich zu verwalten, gut darin, sich auszuhalten
predigt er mäusen, tauben und wespen, geht auf
in seinem sonnengesang, der ordensmann geht
von tür zu tür, klopft an, das leben, wusste franz
heißt lebenslang, von tafel zu tafel eilt der ordensmann
zählt seine habe, gemüse, brot und schokolade
wird nicht müde zu hoffen, ist arm dran, schleppt
leergut aus dem park heran, wer den orden ehrt
ist den taler nicht wert, auf seinen wanderungen
kommt den ordensmann der wind sehr ungemütlich an
am abend wird sein herz ihm klamm, nicht verlässlich
nicht verwandt jenem herzen, das ihm jahrelang
zur seite stand: kammern, in denen er wohnte
höfe, in denen er thronte, zittert ihm die scheidewand
wo fang ich an? als die tiere kamen, bin ich fortgegangen
rufe ich ihn einmal an, sehe ich den ordensmann: schlafen
mit verschränkten armen, nachbarn durch die wand betrachten
pfeifen ohne atem, seit die kakteen nicht mehr wachsen
wachsen berge von rechnungen an, kein wort der klage
ordensmann, nimm deinen kamm, dein sonnengesang
sei übers land, verzeihen, um der liebe willen, leid ertragen
und not, bruder sonne, schwester mond: bleibt!
wer fängt von vorne an? es ist der ordensmann.

das haus meines vaters

jeden montag, kurz nach zehn uhr in der früh, fuhr ich mit der s-bahn
an dem roten haus vorbei, konnte das küchenfenster sehen
den weißen rahmen, die gardine, manchmal spiegelte sich die sonne

in den ungeputzten scheiben. meistens hatte ich keinen sinn für licht
nicht dafür, ob das küchenfenster geöffnet oder geschlossen war
eigentlich sah ich nie genau hin, aber das haus, das spürte ich

fuhr den rest der strecke mit: über wedding, westhafen, beusselstraße
über jungfernheide, westend, messe nord, über westkreuz bis nach
halensee, dort schüttelte ich die arme aus und rieb mir frische

morgenluft wie kaltes wasser ins gesicht, so könnte es gehen
dachte ich dann, und so ging es tatsächlich. jeden montag
in der mittagsstunde, kam ich erneut an dem haus vorbei

ich stieg nie aus, doch wagte ich hin und wieder einen blick
und sah, wie zu erwarten war, nichts. jahre später schaute ich mir
nächtelang diese videos an: irgendwelche leute hatten kameras

aufgestellt, bevor sie ihre häuser verließen. ihre hunde wurden
kreisel, manche zerbissen sich die pfoten, andere wälzten sich
auf ehebetten, knurrten ins kissen, jaulten im flur, spitzten die ohren

bei jedem geräusch. manche aber, und das war am schlimmsten, saßen
einfach nur so da. wenn irgendjemand da draußen ist, der alles sieht
und alles versteht, jemand, der vergeben kann, möge er mir vergeben.

im mittelfellraum

I put the past into the ground
I saw the future as a cloud
If there's still time to turn around
I'm going to

Bright Eyes

zurück zum kern, zentrum und zange
etwas geschältes hängt an strängen
im mittelfellraum ein leben

lang liegt man in dieser enge
auf der falschen seite, ein hofhund
an der kette, das licht eines klapprads

schlägt an, die maschen des zwingers
zittern über die kalkgeweißte wand
und das zittern hält an im innern

zwischen den klappen hört man
ein klack, ein klicken, man segelt
mitral, das segel ausgeleiert

ein durchgescheuertes laken
vor dem eingang zum herzen fängt
der fänger blut ab, bisschen schlapp

das wird, schon klar, kein baseballstar
das wird kein leistungssportler werden
kann sich das gewebe der stürme

die da kommen, erwehren? stürme
aus namen: kevin, mario und jan
ein sven, ein zweiter kevin, im tagebuch

unter der bank, auf zetteln greifen sie
den mittelfellraum an, ungeniert
kugelschreiberklingen ritzen wörter

ins papier, die man nicht lesen kann
hüte dich vor legasthenikern
möchte man jemanden sagen hören

man möchte jetzt irgendetwas hören
das die sache leichter macht
das briefchen in der hand

das auszufalten man verurteilt ist
unter aller augen, im klassenraum
neben dem abfalleimer

in der ersten frühstückspause
vom pfirsich wieder schon so müd
eben war noch kurz vor acht, jetzt

ist irgendwas nach zehn, man zittert
und das zittern hält an im innern
zwischen den klappen trifft man sich

irgendwann ja doch einmal wieder
zum beispiel an der tischtennisplatte
zigarette hinterm ohr, im gesicht

ein halbverrutschtes lächeln
es sind noch schmetterbälle zu schlagen
jenseits des verschmähtwerdens

von einem potenziellen sitzenbleiber
hell im kopf wie ein kartoffelkäfer
den man jahre später an der kasse

eines supermarkts, und wir reden nicht
von edeka, nicht von einem bioladen
nicht einmal mehr erkennt, wollen wir

nicht unfair sein, vielleicht nur
eine nebentätigkeit ... man segelt mitral
man segelt weiter, durch wartezimmer

notaufnahmen, durch aschenbecher
nächte mit gitarrenarm, anschlag
leider lahm, durch pappelschnee

der vor dem fenster wirbelt
was für ein schwüler winter
man hat die stunden weggeschlossen

im badezimmer noch in den knochen
die einem nichts verraten wollen
über das, was in den spannbettlaken

gazegleich zerrissen ist, man zittert
und das zittern hält an im innern
zwischen den klappen bleibt

die größte seltsamkeit, dass man
einen oberschenkel hat, ab und an
berührbar wie verbrennen

außerhalb des mittelfells, delta
stütze, haaransatz, der körper
denkbar, die organe folgsam

im zentrum stampfen maschinen
es ist ein unaufhörliches vibrieren
trommelfeuer duracell, gewitter

das sich aufbaut und entlädt
von zelle zu zelle schießen ionen
sinusknoten einer vorhofhölle

an einem nachmittag in friedrichshain
jetzt kommt es arg, im mittelbau
des herzens schläft man, wenn man

schläft, mit dem gesicht zur scheide
wand, entlang der falschen sehnen
fäden jagt ein impuls den anderen

folgt extrasystole auf extrasystole
ist liegen unter einer schweren sohle
ist das laden einer pistole, alles hält

den atem an, während der vers
im mittelfellraum pause hat
weitermacht und krachen kann

drückt der wind das fenster auf
weht der wind über die dielen, geht
der wind in stiefeln durch den traum

man duscht noch einmal in der küche
lauwarm, der plastikvorhang schmiegt
sich an die schienbeine, wie alles

sich anschmiegt, bevor es sich anschickt
abzuhauen, seifenschale, schaum
der mond über der boxhagener straße

ist die morgensonne, man lässt
die fingerknöchel knacken, nimmt
die schlüssel, schließt diese tür

für immer, man zittert, und das zittern
hält an im innern zwischen den klappen
segelt man mitral, man segelt

weiter mit der straßenbahn, liest
während der fahrt, bersarinplatz
straßmannstraße, die hinweise

am automaten, als wären es briefe
an die eigene zukunft, man möchte
immer weiterfahren mit dieser bahn

man möchte diese bahn nie mehr
verlassen, die amerikaner haben
einen fernsehsender für das wetter

wir nennen diesen sender fenster
wer hat das gesagt?
der frühling fällt als linde

der sommer schält die rinde
der herbst kommt vor dem winter
die hasen kommen nicht mehr

in den volkspark friedrichshain
der reiher am weiher ist ein strauch
niemand da, der auf der bank

am märchenbrunnen, die zeitung
auf den knien, eine zigarette raucht
wolke unter wolken, niemand

der die wolken aus den augen reibt
alles niedergemäht von einem weiß
es ließe sich sterben darin, es ließe

sich das leben abstellen, wie man
einkaufskörbe abstellt neben der tür
die handschuhe von den fingern zupft

den mantel aufhängt an der garderobe
bevor die eier in den kühlschrank
eines nach dem andern wandern

wäre schon alles vorbei, man wüsste
nichts mehr, hätte nie etwas gewusst
aber man segelt ja, man ist auf

großer fahrt, weiterfahren heißt
weiterschlagen, mit jedem schlag
getragen durch die jahre, trägt man

jedes jahr, das war, das kommen mag
man lebt mitral, muss weiterlesen
weitergehen, die eigenen hände

durch ein weinglas sehen, plötzlich
sitzt man in der spätvorstellung
mit geöffnetem brustkorb da

alles läuft ab und aus, wie süße
sich in salz verwandelt, *asche*
und rauch eines hellen, *aber*

schnellen feuerwerks, blüht
ein neuer morgen, woher, der blick
streift die spitzen kahler birken

im schuppen klirren flaschen
und hühner, die stimme des onkels
schläft noch immer im innenohr

unter der decke atmet man
die letzte packung sauerstoff leer
man zittert, und das zittern hält an

im innern zwischen den klappen
tobt die frage: wer ist der nächste?
familie ist erbe, licht, das flackert

geschichte ohne anfang und ende
man sitzt im zug, man sitzt
im gang auf der treppe

auf der strecke leipzig–berlin
woran man sich erinnern kann
wenn man in einen strudel gerät

streckt man sich aus
macht sich lang, wird brett
und es spült einen heraus

aus der gefahr mit einem fingerhut
glück, wenn man die nerven behält
vergehen die jahre, hat man tote

eingerissene zehennägel, man liegt
auf kalten badezimmerfliesen
kann den hörer nicht mehr halten

hört das wasser versickern
hört den eichelhäher keckern
und aus der muschel, aus der ferne

dringt das hintergrundrauschen
alles versäumten, man liest
in den spuren der silberfische

man schiebt in den fugen
die flusen, wohin, nächtelang
taumelt man im rücklicht

müder sterne, man zittert
und das zittern hält an im innern
zwischen den klappen, irgendwann

frühstück bei glühender glyzinie
rührei, kaffee, orangensaft
das buch noch aufgeschlagen

neben dem bett *ein haufen*
zerbrochener bilder, auf der
kreuzung gülzower straße

die wespe unter der zimmerdecke
das rote fensterbrett im zweiten stock
die abgebrochene antenne

einer sommerlichen friedensfahrt
der igel ohne ausreiseantrag
im fahrradkeller an seiner statt

leere, brausepulver, ein abgegriffenes
autoquartett, altstoff-hautgout
hinter blusen und praline-heften

das kältestehen beim morgenappell
spätes auftauen unter spanischer sonne
rast man mit schwerem vorhof

flimmern, jetzt übernehmen
die schrittmacherzellen
wieder einmal und für immer

mit jedem impuls pumpen sie leben
in den mittelfellraum, nach ungarn, prag
an den gardasee, an die französische

atlantikküste, nach london, wien
und istanbul, sie schieben die luftmatratze
richtung greifswalder oie, peitschen

den wagen über die hardangervidda
im schatten einer venezianischen kirche
lässt man sich mit ihnen nieder

hofft auf sie in sarajevo, in lissabon
wird man getragen, in amsterdam
von ihnen beschützt, in bukarest

mehr als einmal getröstet, sie machen
mit, sie halten schritt, denn: man zittert
und das zittern hält an im innern

zwischen den klappen packt man
kisten ein, packt kisten aus
da steigt die sonne eines morgens

aus dem boden auf, gold sind
die bäuche der tauben, während
das angedickte blut unüberhörbar

in den ohren rauscht, da weicht
die sonne die fassaden auf, während
das herz wie eine biene schwirrt

honig sammelt im mittelfellraum
da fängt die sonne sich im rauch
eines abends: das ist der schlüssel

der sterne, eile zum glasberg hinauf
und man eilt hinauf, man gleitet aus
schreibt briefe in die luft

man atmet die hälfte seines lebens
zu wenig, man holt, was man verloren hat
nie wieder auf … zurück zum kern

unter einen hohen himmel duckt sich
unser haus, zentrum und zange, da setzte
das herz einmal ein, *and there is a light*

that never goes out, man tanzt noch
einmal an der tischtennisplatte, und dann
schmettert man die sonne in den dunklen raum.

wenn ich dir nur einen brief

You step into the elevator
To go down and it goes up,
And the surprise
Of the sensation of sudden
Happiness is weightless.
So is love.

Frederick Seidel

rauperich

lange nicht gesehen, rauperich, dein gesicht
war immer umständlich. bist du müde, sag
es mir nicht, dein rücken ist erinnerlich

ich schlafe lange dieser tage, schlicht, schlichter
schlaf wie pelz, ein bisschen fürchterlich
kein wort soll kommen lippiglich

lange nicht gesehen, rauperich, ich habe aufgeräumt
geträumt: ich war so weniglich, du warst so rauperich
noch mal deine briefe gelesen, jedes wort vergiss

mein nicht, aber ich habe dich vergessen
rauperich, du mich nicht, liege ich richtig
wer aufräumt, der begegnet sich, wie ungünstig

lange nicht gesehen, rauperich, fast fühle ich
mich sonntäglich, als mir auf den finger glitt
dein fingerich, war ich ein veilchen, unsäglich

dann wieder ich, das gegenteil von rauperich
versteh ich nicht: als ich mich umsah, warst du da
was sucht mein schuh da, und was suche ich?

ich bin leicht

so leicht, wie man nur sein kann
nirgendwo ein widerstand
war einmal luft oder ein wort zu viel

oder die färbung eines worts, vielleicht
in die achselhöhle roh hineingesprochen
war das gewicht von hantel, mehlsack

fünfzigtonner, nicht leicht auf mir, so leicht
wie ich jetzt bin und mich bewege durch
etwas, das der luft beinahe in allem gleicht

wie mir das fernste manchmal hilft: ich
bin leicht, und was ich weiß, ist leicht, und
was ich fühle, wenn ich insektenbeine sehe

wenn ich insektenkörper auseinandernehme
mücke, fliege: wart ihr leicht? bin ich
die leichte hier, bin ich so leicht in mir.

im zug

was noch erwidern, nichts, telefonieren
im zug, jemand in der leitung sagt
er sei du, ich träume immerzu, ich wäre

wach, und ich bin wach, als träumte ich
immerzu, was man so redet, müde
im zug, ich höre jemanden husten

dieser streckenabschnitt ist gesperrt, du
sitzt im zug, der aus der gegenrichtung
an mir vorüberfährt, ein streifen zug im fenster

ich, nicht umgestiegen, die hand noch immer
am telefon und kein empfang im zug, jemand
in der leitung sagte, er sei du, das warst du.

hände bei nacht

als wir in den mücken saßen
als wir in den laken lagen
sehnen macht langsam

sprachen wir schlafend: weniger
werden ist kein gedanke
waren wir wach, trieben wir, tiere

totholz, in die schleuse, sahen tiere
kleiner als wir, die zuflucht in den
sträuchern fanden, hände bei nacht.

was dachte ich

als ich im fensterrahmen des hotels
schaukelte und wieder zurückfiel
während du, die reisetasche unterm arm

über die hanauer landstraße eiltest, was dachte
ich unter der dusche, und später, als ich
nach deinem handtuch griff, die zahnbürste

in meinem mund kam nicht zur ruhe, der spiegel
verrutschte, ich in ihm, keiner passte zu dem andern
was dachte ich, in mantel und schuhen, als ich

die kuhle sah, dein brief an mich, streckte ich mich
in dir aus … mein kopf ist kleiner als dein kopf
mein körper kleiner als dein körper, dachte ich.

wenn ich dir nur einen brief

warte noch, bevor du gehst, zähl die silben, räuspere
dich, zieh die schuhe aus, wenn du dich zu mir legst
du bist immer fast da, in deinem schatten weithin
ausgestreckt stehst du der amsel in der klinke, früher
morgen, dein gesicht, da deine hand der meinen doch
entkommen ist, wo ein schimmer um die äste spricht
krümmt sich das zimmer um die füße, rar erwache ich
verlegst du meine stifte, wenn ich dir nur einen brief.

mit der zeit

ist wie ein federkleid so leicht, das traurigumdichsein
ein in der sonne ausgestrecktes bein, mein blick reicht
nicht so weit, wie du in deinem nichthiersein vielleicht
ja meinst, mein blick hat keine strenge in der länge
alles, was ich sehen kann, muss nah vor mir zu stehen
kommen, du bist dabei, in zeichen aufzugehen, klein
zu scheinen, leuchtbuchstabe unter leuchtbuchstaben
einer unlesbaren schrift zu sein. was fällt uns ein?

gin

deine augen, gin, dein klauben nach mir
wieder eine hornisse zerschmolzen
wie mein eiswürfelgesicht in dir
dein mund, der sich nach innen streckt
und gin serviert, die nacht ist ein müdes insekt
gin, deine träume träumen wir.

als ich dich bei mir liegen sah

jetzt sehe ich in der luft dein haar
vom wind verwüstet, einst von händen
die, als sie noch bei dir lagen
mehr denn je die meinen waren, jetzt
greifen sie luft, wie vorher dein haar
als ich dich bei mir liegen sah.

siebzehn bahnen

mit einem schlag spült sich der blick
ich bin die beste schwimmerin, siebzehn
bahnen durch dein auge, siebzehn bahnen
zurück, dein auge ist nicht ohr, dein auge
ist ein mund, ein gaumen, zehe und ferse
binden dich fest, bringt dein auge mehr
auf die waage, träumt das niemand weg.

du hast mich im traum getragen

habe ich nicht von dir geträumt? hast du mich nicht
im traum getragen, wie man eine schlafende trägt?
habe ich nicht im traum geschlafen? habe ich nicht im traum
geträumt von dir? hast du nicht diesen traum getragen?
habe ich dich nicht im traum gelassen? bist du nicht dort?

und ich bin hier. ich habe von dir geträumt. du hast mich
im traum getragen, wie man eine schlafende trägt.
ich habe im traum geschlafen. ich habe im traum geträumt
von dir. du hast diesen traum getragen. ich habe dich
im traum gelassen. du bist dort. und ich bin hier.

die helle seite des mondes

immer bist du mir mit einem schritt
der mich auf die seite schiebt, voraus
ich sehe dich in der sonne gehen

so habe ich dich zum ersten mal gesehen
ich meine richtig, dieser halo um dich
macht alles irgendwie wichtig, witzig

deine hose sitzt nicht, dein name passt
in keinen mantel, deine schulter spricht
dem schatten zu, dein blick nicht

zögerlich, entscheidet sich, wann immer
ich hinübersehe, nicht für mich, das spüre
ich im fahrstuhl unter der funzel

lehne ich mich in den spiegel, lehnst du
dich mit, dein genick dehnt sich, du gleitest
in mich, verschwindest, jetzt trage ich dich

am handgelenk, führe dich als hund
an der leine, ich sehe, bevor ich schlafen
gehe, den mond, gleißendes sonnenlicht.

zwischen den zweigen

trug ich mich krank
hob ich mich alt
sank ich dem sinken ins land
zitterte ich als zitterte ich
die sonne unter der hand
schlief ich mich nicht
ging ich mir aus
wusste mir nichts mehr um nichts
sah ich dich einmal noch
zwischen den zweigen
blies mich dein blick in den sand

ich erinnere mich

der abend kommt mit regen, und ich zähle
die planeten, finger, die ein fächer sind
venus, jupiter, saturn. einmal habe ich dir

geschrieben: ich werde dich nie vergessen
dann vergaß ich dich. vor dem fenster letztes
amselgeflöte. wir können uns in tagesstunden

messen, und wir erzählen uns, was war, im traum
möglich ist auch, wir sehen uns nie wieder
du erinnerst dich an mich, ich erinnere mich

an dich, es macht keinem etwas aus. ich gebe zu
das wäre mir lieber. ich erinnere mich ans erinnern
noch mehr erinnere ich mich an nichts.

das ist unser abschied

als ich dich zum ersten mal sah, kam er
an den tisch, trank mit, hielt meine hand
streifte deine schulter, jetzt möchte ich

um jene bläue nichts mehr geben, die sich
das auge leiht. seit tagen steht ein fenster
offen, das dunkel eines anderen zimmers

wie es mir zimmer deiner stimme wird
wie ich mir wünschte, du lägest dort
allein, ich läge mit, hielte hände

in den händen, bücher, die zu lesen sind
aber das ist unser abschied, da ist etwas
amseliges, das aus bäumen ruft, vorbei.

das trödeln am rand kleiner straßen

an einem montagmorgen

schauen wir über die dächer, in denen sich die sonne fängt
luft in einem fächer, wir atmen luft, die einsteigt in die lunge
als wäre diese lunge ein angekipptes fenster, da hockt er dann

der sauerstoff, in der speisekammer, der verbrecher, und wird
schwächer, und jeder blick von dir zu mir dauert nicht viel
länger als ein fallschirmsprung, bei dem der fallschirmspringer

ohne fallschirm in den abgrund rauscht, im freien fall wird er
noch einmal um sekunden älter, dann kälter, so stehen wir
und schauen an einem montagmorgen über die dächer von berlin.

gang durchs viertel

und sagte man jahre später, an diesem morgen
war etwas auf meinem gang durchs viertel
ich müsste widersprechen, nichts geschah

diesige luft in der kapuze, kühle auf den wangen
und eine hand in der tasche meines parkas
versuchte irgendwie sich selbst zu halten

was nicht gelang, schuhe traten in meinen schatten
ich kam nicht ansatzweise in ihm an, obwohl ich
nicht alleine war, war ich allein auf meinem gang

streckten sich häuser in ein frisches licht
hier und da gestreut wie salz in der feuchte
eines montagvormittags, blieb mein blick

an gar nichts haften, als wiese alles mich von selber ab
gut so, dachte ich, wenn mich nichts will, dann will
auch ich nichts mehr auf meinem gang durchs viertel

ihn nur mit jedem schritt beenden, mir meines herzschlags
sehr gewahr, der luft in meinen bronchien, etwas knapp
des bluts in meinen venen und arterien, eine starke strömung.

früher mond

das licht ist schon in den oberen
regionen der kastanie, kaum sichtbar
der mond, sichtbar dann, ich erinnere

mich an den fernsehturm, der mir vorschwebte
nachts – woher ich kam? –, hinter den dächern
verschwand, zwischen häuserlücken rutschte

ständig änderte ich die richtung, oder
war er es, der die richtung änderte für mich
ecken, um die er mich lotste, sich auszuruhen

vor meinem blick, hotels, in deren fenstern
sich seine fenster spiegelten, die spiegel
nassen straßen, nassen schienen, schuhe

nicht meine, entfernten sich, wie alles
sich entfernt, während ich näherkam, kam
der mond, kaum sichtbar, sichtbar nicht näher.

die hand des pferdes

wir sind in den wald gefahren
an der hand des pferdes spürte man
ein langsames entfernen, es gab

ja kaum noch licht im fußraum
deines wagens streifte etwas
meine ferse, deine nicht, wir lasen

die zeitung von vorne bis hinten
den wirtschaftsteil am liebsten
die stellenanzeigen, gelegentlich

lachten wir, berührten den bauch
nabel des andern, lagen im gras
telefonierten uns an, auge in auge

die sonne wird dunkler an ihrem rand.

im spiegel

eimer um eimer auf der galatabrücke
gefüllt mit bosporus, *doch unser schiff*
glitt schnell davon, ein bügeleisen

auf einem schimmernd blauen laken
das telefon weit unten in der jackentasche
wählte eine nummer, ich lag in deiner hand

und schlief, träumte obstauslagen, ferner
zog mich feuer, und ein ruf drang durch
den spalt des fensters, wasser rauschte

hinter einer wand aus wasser, wir blieben
was wir waren, im spiegel, wussten nicht
wohin mit unseren füßen im frachtraum

hing ein regen, in der zuckerdose zucker
der sich immer schwerer rühren ließ
keiner konnte sagen, ob der tag sonne

oder milch verhieß, und unser schiff glitt
auf dem bosporus davon, ein bügeleisen
auf einem schimmernd blauen laken.

vlahia

der hotelflur kassiert das licht
eines frühen nachmittags
dein federnder schritt

der uns führt, *mehr als siebenmal*
in hoher fährlichkeit, der puls
am handgelenk, kaum zu ertasten

die tür geht auf, daunen schlagen
uns entgegen, kissen, laken
der teppich schluckt

was wir sagen, sagen wollen
das glas im fensterrahmen
vibriert in der tiefe ein wagen

schiebt vorbei, träge auf der suche
wir schlafen, erwachen, schlafen
wieder ein, spät am abend

ein rudel hunde in den straßen
wir liegen uns im arm, koffer
und klimaanlage, sprechen leise.

das trödeln am rand kleiner straßen

bukarest, wieder, ein tennisball, an dem der speichel
eines hundes spuren hinterlässt, wenn niemand mehr
spricht, sprechen die klimaanlagen weiter, so viel

habe ich verstanden: der mund ist eine höhle aus rauch
männer tragen ihre hemden, fadenscheinig, als haut
durch den park, hüte schlafen auf den knien, und etwas

von dem grau der wolken ist hineingeschleudert
in die gesprenkelten markisen, in gardinen aus spitze
in ungeputzte fensterscheiben und wartezeiten bei der post

(was ich schreibe, passt in klitzekleine fächer), an der kasse
eines tabakladens, geschleudert in die bahnhofshalle
ins gurren der tauben unterm dach, in die flirrende luft

über den schienen, in die flüche eines tagessatten
taxifahrers, der mir münzen in die hände zählt wie jahre
etwas von dem leichengrau der stunden ist den fassaden

beigemischt, ihrem abgeschabten licht, dem haarschopf
über der brüstung, ohne namen, zerbellen hunde eine stille
ohne stille, bukarest, wieder, sprich ohne mund, lang

ohne arme hin, wo ich die zehen spreize, in den warmen schatten
der strada crăciun, das durchatmen bei auberginenmus
in meinen augen schwimmt das trödeln am rand kleiner straßen.

resopal

resopal

und plötzlich weiß man nicht mehr, wer
hält die dinge auf abstand, man selbst, du
ahnst vielleicht, es hat mit zahnpasta zu tun

mit diesem rauschen hinterm küchenfenster
als holte draußen jemand luft, nicht ich
während man die spüle betrachtet

die pfanne, das sieb, zum ersten mal
die kahlen stellen im haar, nicht schlimm
man nimmt sie dennoch wahr, ein ziehen

das ein zeichen ist für irgendwas, da sind wir
eingesunken im schnee, stecken geblieben
im gespräch, ich denke manchmal

an die kühlschranktür und wie die milch
einem entgegenkam, ich denke resopal
weiß die mechanik der sinne um die hand?

schwarze wäsche

und dann die wäschestücke, die immer
schwarz und immer wäsche waren, und
hecke und ein blick voll hecke, und auch

der weg, der jene hecke fasste, war so
ein schwarzes wäschestück, ein blick
ein wäschestück, das sich so schwer und

schwarz unter dem regen machte und
wieder atmen konnte, wenn ein wind aufkam
und sonnenlicht stieg aus der regenlache

die immer kleiner wurde auf dem tisch, und
auf dem stuhl, der feucht von regen glänzte
hing noch ein schwarzes wäschestück.

der weg vor dem haus

und dann der weg entlang der hecke
der jeden fuß erkannte und nicht weiter
ließ und sich an seine ferse schmiegte

sobald der morgen sich auf den balkonen
zeigte als ein versprechen, das der tag
nicht hielt, und sich von dannen machte

wenn die straße nahte, und still zurück
schlich, wo er wieder schlief, im hof
behütet von den wäschestangen

vom kreisen der gestirne, die hoch über ihm
für stunden unsichtbar den himmel deckten
der weg, der vor dem haus verlief.

grimm

bevor die sonne sich in der gardine fing und auch der bahnhof
wieder sichtbar wurde, schien etwas auf von einem grimm
und schimmerte noch durch die schatten, und dann ein luftzug

der durchs zimmer ging und an die asche rührte, an den schlaf
der tausend jahre mit sich schleppte, als wären sie sekunden
und dabei fahles laub in seinen armen trug, dass man nicht glauben

konnte, es seien je so viele blumen schon verblichen, ein luftzug
kühlte stirn und nacken. alles war nun wieder ausgesetzt dem träge
hingegossenen morgen, der klammerbeutel auf der wäscheleine

die hecke und die tischtennisplatten und jene namenlose kreide
schrift im kellergang, das macht ein zorn, dass wir vergehen
das macht ein grimm, dass wir so plötzlich schwinden müssen

das gezeter einer hektischen amsel läutete den mittag ein
und der geruch von frischem gras zog durch die aufgeheizten
stunden. aus dem luftzug war ein wind geworden, herrisch

schob er sich durch hinterhöfe, herrisch riss er an den knospen
es war der grimm, der ihm den atem lieh, und nahm er auch
in seinem wüten mit, was niemals werden sollte, pracht und freude

kam er doch bald schon wieder zum erliegen … wir fahren schnell
dahin, wir bringen unsere jahre zu mit wirren reden, so stand es
schwer entzifferbar auf einem abgewehten blütenblatt

geschrieben … nach und nach floss kälte in die zimmer
die amsel verließ den abend sehr leise, müde war das licht
geworden, als zöge einer es mit letzter kraft aus einem alten

moosbewachsenen brunnen und legte es noch einmal auf die dinge den staub und in die luft hinein, bevor es dunkel, wieder dunkel wurde in allen schatten und in den schatten aller schatten: grimm.

federn und planeten

zucker, in den quark gedreht, ein gruß
im aschenbecher, auf dem küchentisch
das einkaufsnetz, verklebte münzen

wo sind die tennisbälle abgeblieben
hinter einem stapel hemden, servietten
ringe, fell von einem fuchs, die batterien

ausgelaufen unterm bett, der kamm
der slip im ärmel eines wintermantels
trockene luft schmilzt hin, ein gletscher

zwischen kleiderschrank und wäscheständer
bügelt jemand federn und planeten
der morgen auf der klinke, es beginnt.

vom anfang

der arm wird alt, jung soll sein
der finger an der hand, die schulter
schwingt an gegen das bein, jung

soll sein das knie, vertritt nicht
mehr die treppe, haar wird länger
nägel wachsen schneller, ruht

die zunge am grund, kreist
das glas im rund, schaut noch mal
zurück: jung soll sein, soll glück.

dunkle mitte

She do the bereaved in different voices
For the point of this address is to prod
And shepherd you back within range
Of my strained ears; extort your reply
By finding any device to hack through
The thickening shades to you

Denise Riley

I

die lichter gehen nicht aus, die pumpe
schläft nicht, während du schläfst
hängt am strom, was zu verhandeln

wäre: dein leben, ein knochenriss
unter dem zeltmond, erde, wände
vergessen nicht, was man bespricht

mit der tapete, erde sei ein fenster
oder der raum dahinter, esstisch
herztabletten, eine tasse kaffee

asche, messgeräte, kein grund
zur eile im schein des deckenfluters
atmest du aus, atmest wieder ein

II

kein abschied, der nicht zurückgenommen
werden könnte, scheint die sonne auf die bank
in der mittelallee, sonne, gegenteil von trost

als ob es darum ginge, es geht um wichtige
dinge, fallen einem nur gerade nicht ein
leibchen, lass dir sagen: leben ist genau

so lang, wie es ist … wie es ist, am leben
zu bleiben, weiß doch jedes kind, hör auf
zu fragen, welches jahr wir haben, lass uns

telefonieren und schlafen, erde, himmel
glasiges blau, lässt die guten gedanken
nicht rein, die schlechten nicht raus

III

niemand ist hier, der hier nicht ist, weiß man
was man sagt … man wendet die serviette
in der hand, ein buch, in dem man lesen kann

wie alles endet: leben ist keine saubere sache
dein erwachen erwarten, nicht zum lachen
wach auf, wie du immer aufgewacht bist

dich aufgerichtet hast im bett, gleich mal
einen triller probieren, der zu diesem morgen
passt, du kannst nicht auf die sanfte weise

tirilieren, nicht wahr, nicht schlimm
wach auf, lass dir erzählen, wie es war
als niemand wusste, wo du warst

IV

man hört sich sagen: ach mann, man hält
den fahrstuhl an, atmet an gegen die tiefe
hält im fahrstuhl den atem an, man geht

die mittelallee entlang, wie jemand
der davongekommen ist, sieht sich selbst
mit beiden händen plastiktüten tragen

die hauswand ist warm, die hauswand
in der amsterdamer straße macht auf
sonnenbank, was fängt man in der mitte

seines lebens mit dem leben an, zwei hemden
socken, ein paar unterhosen im oberen fach
des kleiderschranks liegt ein kamm

V

man spricht von tagen, spricht von wochen
spricht von monaten, wer spricht von jahren?
verbandswechsel, darauf kommt jetzt alles an

wartet man zu lang, wird das blut brühe
trübes tauchen, eine braune seenlandschaft
drückt sich durchs pflaster, die späte amsel

macht einen noch ganz kirre, irgendwann
hört man ihr nicht mehr zu, schämt sich
keine sekunde lang für die zu langen fingernägel

lass das licht an, lass den ton an, lass mal
bitte einen fachmann ran an dein organ. leben
ist keine saubere sache. schlaf gut, ordensmann.

es beginnt, wo es endet

es beginnt immer hier, im frühjahr, in der warmen luft
es beginnt mit einem atemzug, und so endet es
es beginnt mit einer hand, die um einen schlüssel wächst
es beginnt mit einem schlüssel, und es endet ohne tür.

es beginnt, wo es endet, es beginnt im flur, an einer viel
befahrenen kreuzung nimmst du die erste ausfahrt rechts
wiewohl du keine kreuzung und keine ausfahrt kennst
nicht weißt, dass alles endet und nicht noch mal beginnt.

im flur, wo alle fluchten enden, gehst du hin zu dir
wo der tag dich wärmt, wo die nacht dich kühlt
deine hand ein schlüssel, dein auge ein see. hier
bleibst du, bis du wieder gehst, und es endet ohne tür.

Anmerkungen

Motti

Frederick Seidel, *Invisible Dark Matter*; Jürgen Becker, *Graugänse über Toronto*; Gebrüder Grimm, *Die sieben Raben*; John Cheever, *The Swimmer*; Bright Eyes, *Devil in the Details*; Frederick Seidel, *Supersymmetry*; Denise Riley, *A Part Song*.

Danksagung

Ich danke dem Internationalen Künstlerhaus Villa Concordia in Bamberg für Ruhe und Zeit.

Mein besonderer Dank gilt Matthias Kniep, der mir jedes Gedicht noch einmal geschenkt hat.

Inhaltsverzeichnis

Nadja Küchenmeister
bei Schöffling & Co.:

Im Glasberg
Gedichte

ISBN 978-3-89561-227-5

Unter dem Wacholder
Gedichte

ISBN 978-3-89561-226-8

Alle Lichter
Gedichte

ISBN 978-3-89561-225-1

Nadja Küchenmeister
Alle Lichter

Gedichte
104 Seiten. Gebunden. Lesebändchen.
ISBN 978-3-89561-225-1

»Schön ist Nadja Küchenmeisters Sprache und wie ganz neu. Sie verschmelzt die Gefühle und die Gegenstände zu einer großen, sanften Melodie« – so öffnete Ulrich Greiner in der *Frankfurter Anthologie* weit die Tür in die literarische Zukunft von Nadja Küchenmeister.
Das Debüt *Alle Lichter* zeigt die Kunst von Nadja Küchenmeister, die wunderbare Landschaftlichkeit ihrer Lyrik, eine stets aufs Genaueste austarierte Grenze zwischen Poesie und Erzählen. Entstanden ist ein Buch sehr moderner Gedichte, die niemals ihr Herkommen aus der großen Tradition lyrischen Sprechens und Schreibens verleugnen, ein Buch ganz von heute, das auf das Kommende weist.

»Nadja Küchenmeister tritt in ihrem ersten Gedichtband als eine einzigartige lyrische Stimme auf, die sanft und gelassen klingt, obwohl sie mitten aus dem Fegefeuer zwischen Liebe und Tod zu kommen scheint.«
Dorothea von Törne, *Die Welt*

»Die kunstvolle Komposition von Motiven und Klängen, mit hohen Erwartungen an Vers und Strophe, ist wie eine Beschwörung verlorener oder doch gefährdeter poetischer Ausdrucksformen.«
Hans-Herbert Räkel, *Süddeutsche Zeitung*

»Küchenmeister versteht es, sich an den Schmerzrändern zwischen Erinnerung und Jetzt einzunisten.«
Carola Wiemers, *DeutschlandRadio Kultur*

»Großartiges Debüt.«
WDR

»Schön ist Nadja Küchenmeisters Sprache und wie ganz neu. Sie verschmelzt die Gefühle und Gegenstände zu einer großen, sanften Melodie.«
Ulrich Greiner, *Frankfurter Anthologie*

» Ihre Gedichte lassen aufhorchen. Sie sind sanft und doch wagemutig, exakt und doch verträumt, und sie spielen souverän mit traditionellen Formen.«
Manfred Papst, *Neue Zürcher Zeitung am Sonntag*

»Selten gelingt mit einem Debüt ein großer Wurf, der sich ins Gedächtnis der Leser einschreibt. *Alle Lichter* hat das Zeug dazu.«
Märkische Allgemeine

»Sie findet zu einer Sprache, die mit Empfindungen, mit genau, wie fotografisch beobachteten Details einen poetischen Raum schafft.«
Claus-Jürgen Göpfert, *Frankfurter Rundschau*

»Mühelos leichte, sanft schöne Verse über die Liebe, über Azaleen oder die Ringe des Saturn – Nadja Küchenmeisters Gedichtband ist ein weithin leuchtendes Debüt.«
Matthias Ehlers, *WDR 5*

»Was einmal war, ist nur noch in der Sprache gegenwärtig, in einem lyrischen Erzählen, das seine Dringlichkeit mit jedem Vers beweist.«
Martin Zingg, *Neue Zürcher Zeitung*

»Nadja Küchenmeisters Verse setzen sich gleich im Ohr des Lesers fest.«
Nico Bleutge, *Das Gedicht*

Nadja Küchenmeister
Unter dem Wacholder

Gedichte
112 Seiten. Leinen. Lesebändchen.
ISBN 978-3-89561-226-8

»Steh auf und iss!«, sagt der Engel zum Propheten Elia, als dieser sich in der Wüste unter einen Wacholder legt, um zu sterben. In den neuen Gedichten von Nadja Küchenmeister, die an den Kern einer tief verborgenen Traurigkeit rühren und zugleich von einer Sehnsucht nach dem Hellen getrieben sind, lebt diese Mahnung fort. Und so macht sich die Schriftstellerin erneut auf die Suche nach der verlorenen Zeit. Jede Nacht birgt einen Abgrund, jeder Morgen ist ein Versprechen. Mit sicherem Gespür für das treffende und klare Bild gelingen Nadja Küchenmeister kurze Momentaufnahmen des Glücks ebenso wie weite erzählerische Bögen. Mit wunderbarer Detailgenauigkeit, mal innig und zart, dann wieder herb und lakonisch, geht sie den Spuren ihrer Herkunft nach, schreibt die Geschichte der Liebe fort und beleuchtet fremde Schicksale. Ihre einprägsame, melodische Sprache lockt abgesunkene Bilder und Töne hervor und verwebt sie zu einem furiosen Gesang über Leben und Tod.

»Ein großer Wurf.«
Hajo Steinert, *Deutschlandfunk Büchermarkt*

»Das Gedicht bleibt Sang, im Klang ein Trost. (…)
Es sind sprachfromme, dinggläubige Gebete, ›briefe nach hause‹ in eine verlorene Vergangenheit, die ewig aufleuchten soll.«
Angelika Overath, *Neue Zürcher Zeitung*

»Ganz bezaubernd. Jedes ihrer leisen, sanften Gedichte zeichnet ein Stimmungsbild, lässt Seelenzustände sinnlich werden. (…) Bilderstürmerei hat sie dabei nicht nötig. Sie schafft stattdessen etwas ganz eigenes.«
Wiebke Porombka, *Zeit Online*

»Um ›dich‹ oder nichts geht es hier im Kern, alles dazwischen ist in unterschiedlichstes Licht getaucht. An ihr großartiges Debüt *Alle Lichter* (2010) knüpft Nadja Küchenmeister mit (…) *Unter dem Wacholder* mühelos an.«
Rolf Birkholz *Am Erker*

»Nadja Küchenmeister ist eine Virtuosin des Unspektakulären.«
Roman Bucheli, Laudatio zum *Förderpreis des Bremer Literaturpreises*

»In *Unter dem Wacholder* ist (…) Nadja Küchenmeister (…) unbedingt, hart und präzise. Schonungslos und eindeutig. (…) So klar und unausweichlich hat schon lange niemand mehr die Wahrheit gesagt.«
Gabi Schlag, *SWR 2 Forum Buch*

»Unter dem Wacholder gehört unbedingt in die vordere Reihe der zahlreichen Gedichtbände der letzten Jahre, denen Haltbarkeit über den Eintagsruhm hinaus eingeschrieben ist.«
Jürgen Brôcan, *Fixpoetry*

»Sprachlich prägnant, ungeheuer melodisch und mit mitunter überraschenden Drehungen navigiert sich die Berlinerin durch die Höhen und Tiefen des Lebens.«
Mareike Bannasch, *Kreiszeitung Syke*

»Schonungslos eindeutige Bilder.«
Deutschlandfunk